ACTIVITÉS SCIENTIFIQUES
ET TECHNOLOGIQUES

Dorothée Sacy ◆ Régine Queva

L'eau et l'air

GS

HACHETTE
Éducation

Suivi éditorial : Francine Gaudard. Conception graphique et mise en pages : Pascal Plottier. Illustrations : Françoise Rousset.

ISBN 2 01 170565 7 © **HACHETTE LIVRE** 1998 43, quai de Grenelle, 75905 Paris Cedex 15

www.hachette-education.com

LES ACTIVITÉS SCIENTIFIQUES ET TECHNOLOGIQUES À L'ÉCOLE MATERNELLE

« L'école a un rôle irremplaçable d'initiation au monde et à la culture. L'enfant y découvre le monde proche, celui de la vie et des objets... Il pose des questions et cherche des réponses. Il apprend à conduire ses actions, à en prévoir les résultats, à anticiper les événements et à les expliquer par la parole ou par un codage. Pour faciliter cette pédagogie d'enrichissement de l'expérience, l'enseignant-e d'école maternelle doit susciter toutes les occasions d'une découverte active du monde et de ses représentations. »

EXTRAIT DES *PROGRAMMES DE L'ÉCOLE PRIMAIRE* (1995) - PAGE 27

L'ENFANT DE CINQ ANS

J'AI 5 ANS, JE SAIS :

- observer des éléments naturels se produisant autour de moi ;
- sentir les éléments qui modulent mon comportement (pluie, froid, soleil...) ;
- décrire des objets fabriqués ou que je crée moi-même ;
- utiliser les éléments naturels (vent, eau) ;
- utiliser certains objets technologiques.

IL FAUT M'AIDER À :

- analyser et comprendre les événements naturels se produisant autour de moi ;
- parler de mes expériences (oraliser) ;
- faire les dessins de mes expériences (produire des représentations schématiques) ;
- lire les fiches de fabrication pour construire un objet élaboré ;
- utiliser sciemment les éléments naturels ;
- comprendre les phénomènes scientifiques naturels ;
- acquérir un vocabulaire scientifique adapté.

LA DÉCOUVERTE DU MONDE EN GRANDE SECTION

Aujourd'hui, la diversité des situations scolaires est réelle : écoles rurales à faible budget, ZEP, écoles démunies de matériel… En technologie et en sciences, il faut à certains moments "faire avec" le matériel existant ou avec de la récupération, pour compenser le manque de moyens par de l'imagination.

Les programmes de l'école primaire de 1995 structurent les activités de découverte en plusieurs domaines.

- Découverte du monde et des objets
- Découverte du monde de la matière
- Découverte du monde vivant
- Découverte des espaces naturels et humains
- Sensibilisation aux problèmes d'hygiène et de consommation
- Le temps qui passe
- Le monde de l'image

Les activités proposées dans ce livret s'organisent autour de deux pôles :

- première approche de l'existence de l'air, ses propriétés physiques ;
- l'eau, ses différents états, ses propriétés physiques.

La découverte du monde des objets et matériaux, ainsi que les constructions technologiques, seront traitées dans d'autres livrets de cette collection.

Conçues à partir de matériaux de base, les séances de ce livret sont à la portée de tous les budgets, si petits soient-ils. L'eau et l'air en sont les principaux moteurs.

QUELQUES NOTIONS

AIR

Mélange gazeux qui constitue l'atmosphère terrestre et que de nombreux êtres vivants respirent..

GAZ

Substance impalpable qui tend à occuper la totalité de l'enceinte qui la contient ; fluide expansible et compressible […].

LIQUIDE

Qui coule ou tend à couler. *Corps à l'état liquide* (par opposition à *solide* et à *gazeux*)

SOLIDE

Qui présente une consistance ferme, qui n'est pas fluide. *Aliments solides et aliments liquides.* PHYS Se dit d'un corps dont les atomes ou les molécules occupent des positions moyennes invariables. *Corps solide. État liquide et gazeux de la matière.*

LES OBJECTIFS GÉNÉRAUX

Les séances proposées dans cet ouvrage respectent les objectifs définis par les instructions officielles.
Les objectifs généraux servent à définir une attitude globale de l'enfant et se fixent à long terme (en fin de cycle). Ils sont donc souvent complétés par des objectifs opérationnels, qui sont des évaluateurs précis et réguliers.

Chaque objectif général se décline en objectifs opérationnels. Ceux-ci doivent croître en difficulté, afin d'amener l'enfant à atteindre à plus long terme l'objectif général poursuivi. Les objectifs opérationnels sont autant d'étapes pour atteindre le but, représenté par l'objectif général.

OBJECTIFS GÉNÉRAUX,
D'APRÈS *LES CYCLES À L'ÉCOLE PRIMAIRE* (1991)* ET *PROGRAMMES DE L'ÉCOLE PRIMAIRE* (1995).**

EN FIN DE CYCLE 1, L'ENFANT DOIT ÊTRE CAPABLE DE :
- mettre en œuvre des stratégies de tâtonnement pour trouver des solutions aux problèmes pratiques qui lui sont proposés ;
- utiliser des matériaux courants, des objets techniques simples, des techniques de fabrication élémentaires ;
- faire des observations sur des propriétés des objets, des matières (changement d'état...) ;
- utiliser des procédés empiriques pour faire fonctionner des mécanismes simples.

* *Les cycles à l'école primaire*, M.E.N, C.N.D.P./Hachette Éducation. (pp. 40-41-47)
** *Programmes de l'école primaire*, M.E.N, C.N.D.P./Savoir Livre. (pp. 94,100).

LES OBJECTIFS OPÉRATIONNELS PAR SÉANCE

POUR L'ENFANT, ÊTRE CAPABLE DE :
- reconnaître les liquides et les différencier des autres matières : *séances 1-2-3 ;*
- découvrir les propriétés physiques des liquides : *séances 2-3-4 ;*
- découvrir les différents états de l'eau et de l'air, et le passage d'un état à l'autre : *séances 3-4 ;*
- préparer et réaliser un projet individuel connu de l'enfant : *séances 5-6-7-9-10 ;*
- expérimenter par tâtonnement, puis vérifier la flottaison des matériaux et des objets : *séances 5-6 ;*
- mettre en évidence l'existence de l'air : *séances 7-8-10 ;*
- observer et comprendre les propriétés physiques de l'air : *séance 8 ;*
- utiliser les propriétés de l'air : *séances 9-10 ;*
- communiquer aux autres un projet technologique simple *(séance 10)* ou un résultat d'expérience scientifique : *séances 2-4-8.*

Remarque
Chaque séance ne comporte qu'un ou deux objectifs opérationnels évaluables pour un ou deux types d'activités. Les autres activités pratiquées durant la séance aident l'enfant à se préparer à un objectif ultérieur ou lui permettent de consolider des acquis antérieurs.

LES COMPÉTENCES TRANSVERSALES

Les compétences transversales sont définies pour aider l'enfant à construire sa personnalité, acquérir des méthodes et être autonome dans sa vie quotidienne.

D'APRÈS LES PROGRAMMES DE L'ÉCOLE PRIMAIRE

DÉSIR DE CONNAÎTRE ET ENVIE D'APPRENDRE (p.86)
L'enfant s'intéresse aux questions concernant les hommes, les animaux, les plantes, le cycle de la vie, les phénomènes naturels, les objets techniques (pourquoi, comment ça marche ?...).
Il est capable, à l'occasion des activités qui lui sont propres, d'observer, d'interroger, de verbaliser ce qu'il comprend ou de le traduire par un dessin, une ébauche de schéma ou de report de résultats.
Il commence à argumenter pour justifier un avis.

MÉTHODES DE TRAVAIL (p. 90)
Il est possible de lui demander d'élaborer un projet individuel et de le mener à terme et de prévoir les tâches, les outils, les techniques, les matériaux...
De la même manière, il doit pouvoir participer à un projet dont il connaît l'objet.

STRUCTURE DES SÉANCES

La plupart des séances proposées dans cet ouvrage suivent une logique d'apprentissage en trois phases.

1 - Découvrir et explorer
2 - S'approprier des compétences
3 - Les réinvestir (pour résoudre des problèmes par exemple)

1 - DÉCOUVRIR ET EXPLORER
La première phase est un moment actif de manipulation, d'observation et de tâtonnement. Elle doit aboutir à des remarques concernant les propriétés des objets. Au cours de la séance, l'enseignant-e doit amener les enfants à découvrir ces propriétés et à formuler leurs remarques.

2 - S'APPROPRIER DES COMPÉTENCES
Les remarques formulées durant la première phase sont structurées. Au cours d'un jeu ou d'un moment d'apprentissage, l'enfant doit mettre en œuvre, de manière active et concrète, sa nouvelle compétence (issue des remarques ou des expériences).

3 - LES RÉINVESTIR (POUR RÉSOUDRE DES PROBLÈMES PAR EXEMPLE)
La troisième phase est un moment de réinvestissement. Un jeu ou une activité particulière vont permettre à l'enfant de se servir de ce qu'il a acquis pour trouver une solution dans un jeu ou une nouvelle expérience, par exemple.

L'ORGANISATION DANS LA CLASSE

DURÉE

Les séances que nous vous proposons durent entre trente et quarante minutes chacune.
Elles sont scindées en trois modules de dix, quinze ou vingt minutes chacun. De cette manière, vous pouvez choisir de n'effectuer qu'une partie de la séance (selon votre emploi du temps, le temps qu'il fait, votre classe…) ou au contraire "d'allonger" tel ou tel module (d'après l'enthousiasme des enfants, la richesse de leurs propositions…). Ainsi, vous pouvez ajuster les séances proposées selon vos désirs.

RÉPARTITION

Un cycle de dix séances vous est proposé. Nous vous conseillons de le répartir sur un trimestre environ. De nombreuses séances peuvent être menées en plusieurs fois, il vous faudra alors plus de dix séquences de travail.
Afin de varier les apprentissages, vous trouverez d'autres activités scientifiques et technologiques dans différents livrets de cette collection.

ORGANISATION

Chaque séance comporte une proposition d'organisation (petits groupes, toute la classe) qui n'est qu'indicative. Nous avons essayé de varier les types d'organisation possibles en fonction du type d'activité.
Toutefois, il est toujours préférable, lorsque le choix est possible, de privilégier les apprentissages en petits groupes, à condition de varier leur composition en cours d'année, pour ne pas succomber à la tentation cloisonnante de "groupes de niveaux". Les périodes de vacances peuvent être l'occasion de les modifier.

NOTE

Étant donné la particularité des activités scientifiques et technologiques, ce cycle peut être mené, sans aucun problème, avec un cours double (MS-GS ou GS-CP par exemple) : les observations, les expériences et les constructions conviennent pour tous ces âges.
Quelques séances comportent deux encadrés : ***Du temps pour comprendre*** et ***Aller plus loin*** destinés à la mise en place d'ateliers de pédagogie différenciée.
Vous y trouverez une proposition d'activité pour les enfants qui présentent des difficultés avec la notion à acquérir ***(Du temps pour comprendre)***, et une autre proposition pour les enfants qui présentent des facilités avec cette notion ***(Aller plus loin)***.

LE MATÉRIEL

Quelques expériences nécessitent la partie *freezer* d'un réfrigérateur ou un congélateur. Dans certaines régions françaises, une nuit d'hiver conviendra. Des tenues pour protéger les enfants, au cours d'expérimentation avec de l'eau, sont recommandées (des sacs poubelles de cinquante ou cent litres percés pour la tête et les bras feront l'affaire).

Pour plus d'informations, consulter le sommaire détaillé des séances page 32.

1re SÉANCE

Liquide ou solide ?

Déroulement

DÉCOUVRIR

10 mn
petits groupes
des contenants divers (bouteilles, cuvettes...)
liquides divers (eau, lait...)
des objets hétéroclites

Proposer à chaque groupe d'enfants de nombreux objets (laine, bâton, bougie, cuillère, papier…) et divers récipients (cuvettes, bouteilles, pots…) remplis de liquides différents (sirop, huile, vinaigre, eau, lait, eau salée…).
Laisser les enfants s'exprimer sur ce matériel et le manipuler.
Noter les remarques intéressantes qui vous serviront ultérieurement.

CHERCHER

20 mn
petits groupes
le même matériel
feuilles et crayons

Demander aux enfants de classer tous les objets, puis de justifier leur classement. Les orienter sur un classement simple (un seul critère).
Lorsque le classement liquide-solide est trouvé dans un groupe, demander aux enfants de laisser les autres groupes continuer leurs recherches.

OBSERVER

Observer les différents classements proposés et la démarche de chaque groupe pour arriver au classement liquide-solide.
Noter le vocabulaire employé par les enfants.

STRUCTURER

10 mn
toute la classe
le même matériel

Lorsque tous les groupes (ou une large majorité) ont fini leur classement, différencier, avec les enfants, les solides des objets contenant des liquides. Leur demander de nommer les objets au fur et à mesure.
On peut apporter le vocabulaire suivant : "objet contenant un liquide" ou "solide". Attention à bien leur faire comprendre que la notion de solide désigne un état : la laine par exemple est un solide (différent de liquide).

DU TEMPS POUR COMPRENDRE

Insister sur le fait qu'un liquide coule, qu'on peut le verser. Demander de citer tous les liquides connus (penser à la maison : repas, salle de bains...).

ALLER PLUS LOIN

Demander aux enfants de dessiner tous les liquides répertoriés, pendant la recherche des autres groupes, par exemple.

Objectif :

Reconnaître les liquides et les différencier des autres matières.

Jeux et activités possibles

Activités scientifiques et technologiques

Autour de l'espace

LA PLANÈTE BLEUE : repérer les espaces marins, la place de l'eau sur la Terre.
Observer une mappemonde, puis des cartes plus détaillées (où apparaissent les fleuves, les rivières). Regarder des cartes locales.

Activités physiques

Toucher du...

Placer différents matériaux dans une pièce (salle de motricité par exemple).
Les enfants sont groupés autour de l'enseignant-e : ils doivent tous le ou la toucher. L'enseignant-e demande ensuite aux enfants d'aller toucher du bois, par exemple. Les enfants vont, le plus vite possible vers le matériau annoncé et reviennent.

VARIANTES
- Les enfants sont dispersés dans la pièce.
- L'enseignant(e) annonce le signal quand il veut.
- Des matériaux sont dispersés sur une grande table .

Cette variante peut se pratiquer en atelier-jeu.

avec les matériaux proposés

Autres jeux

1 - Reconnaître des matériaux différents en les touchant les yeux bandés ;
2 - les nommer le plus vite possible ;
3 - en parler le plus précisément possible : "c'est comment ?" (froid, chaud, lisse, rugueux...)

Matériaux possibles :
coton, bois, papier, craie, bougie, plastique, fer...

CONSEILS
- Garder précieusement les bouteilles de liquides divers, elles seront utilisées tout au long des dix séances.
- Laisser les enfants explorer seuls lors de cette phase de découverte. Prévoir des tabliers en plastique pour protéger les vêtements. L'endroit de travail doit être peu contraignant (préau, cour...).

Arts plastiques

Un panneau

Confectionner un panneau en découpant dans les catalogues tous les objets fonctionnant avec de l'eau et un autre panneau avec les objets contenant de l'eau.

Liquides et matériaux

Déroulement

CONTINUER

10 mn
toute la classe
même matériel
qu'à la séance 1

Reprendre les deux groupes d'objets proposés lors de la première séance *(page 8)*. Faire nommer le groupe des liquides et celui des solides. Essayer de répertorier toutes les différences (un liquide coule, prend la forme du récipient…)

VEILLER

Pendant cette phase, penser à être vigilant à propos du vocabulaire employé.
Le réinvestissent-ils ?

VÉRIFIER

20 mn
4 groupes
même matériel
+ du tissu, du papier, du plastique et du bois

Chaque groupe reçoit différents liquides : eau, vinaigre, lait, sirop, huile et un seul matériau. Les enfants doivent vérifier que tous les liquides disponibles mouillent bien leur matériau. Faire apparaître les réponses dans un tableau collectif à double entrée *(voir le modèle ci-contre)*, puis en tirer les conclusions avec toute la classe. Observer les colonnes des matériaux, puis les lignes des liquides.

REMARQUE
Certains matériaux ont besoin de plus de temps pour s'imprégner du liquide (une nuit entière parfois).

Objectifs :

Découvrir les propriétés physiques des liquides.

Communiquer aux autres un résultat d'expérience simple.

Activités mathématiques

Un tableau à double entrée

	BOIS	PAPIER	PLASTIQUE	TISSU
Huile				
lait				
Sirop				
Eau				
Vinaigre				

Code proposé : mouille ne mouille pas

3e SÉANCE

L'eau dans tous ses états (1)

Déroulement

VÉRIFIER

10 mn
toute la classe
une feuille de travail

Évaluation : dessiner, sur la feuille, des solides et des liquides.
Les enfants devront colorier les liquides d'une couleur et les solides d'une autre couleur.

DÉCOUVRIR

20 mn en ateliers tournants

EXPÉRIENCE 1 par groupe : 3 glaçons, 3 bols, (1 bol vide, 1 bol rempli d'eau chaude, 1 bol d'eau froide) une feuille	Avec un groupe d'enfants, mettre un glaçon dans chacun des trois bols. Dessiner les bols au début de l'expérience, puis les mêmes 5 mn plus tard. Observer le changement avec les enfants.

EXPÉRIENCE 2 par groupe : eau, lait, huile, sirop, vinaigre petits pots et cuillères pour mélanger	Les enfants mélangent les liquides deux à deux et dessinent les résultats.

EXPÉRIENCE 3 par groupe : une cruche remplie d'eau de l'encre, des feutres Velleda des bouteilles en plastique fermées	Préparation d'expériences avec les enfants *(elles seront reprises à la séance suivante)*. 1 - Verser de l'encre dans la cruche d'eau. Ne pas la couvrir. Repérer le niveau à l'aide du feutre Velleda, puis la placer dans la classe (veiller à ce qu'elle ne puisse pas être renversée). 2 - Remplir une bouteille d'eau et la boucher. La placer dans un freezer ou dehors s'il gèle.

EXPÉRIENCE 3 par groupe : un glaçon	Chaque enfant choisit une fenêtre de la classe. Il la dessine puis souffle sur la vitre (ou place un glaçon dessus). Il observe et dessine à nouveau la fenêtre.

Objectifs :

Découvrir les différents états de l'eau.
Découvrir le passage d'un état à l'autre.

Jeux et activités possibles

CONSEILS

- Cette séance peut être faite par les enfants seuls, à condition qu'ils aient parfaitement compris les consignes. Éventuellement expliquer l'ensemble des ateliers à toute la classe, préparer des schémas de déroulement pour les laisser en autonomie.
- Conserver les feuilles d'expériences pour la séance suivante. L'important étant que les enfants vivent l'expérience, une feuille de résultats par groupe peut suffire. Des rapporteurs peuvent être désignés.

Poésie et chanson sur le thème de l'eau

Sous la pluie

Il tombe de l'eau
Plic ! ploc ! plac !
Il tombe de l'eau
Plein mon sac.

Il pleut, ça mouille
Et pas du vin
Quel temps divin
Pour la grenouille !

Il tombe de l'eau
Plic ! ploc ! plac !
Il tombe de l'eau
Plein mon sac.

Après la pluie
Viendra le vent
En arrivant
Il vous essuie.

Il tombe de l'eau
Plic ! ploc ! plac !
Il tombe de l'eau
Plein mon sac.

JEAN RICHEPIN, *La chanson des gueux*

Chanson pour les enfants l'hiver

Dans la nuit de l'hiver
galope un grand homme blanc
galope un grand homme blanc

C'est un bonhomme de neige
avec une pipe en bois
un grand bonhomme de neige
poursuivi par le froid

Il arrive au village
il arrive au village
voyant de la lumière
le voilà rassuré

Dans une petite maison
il entre sans frapper
dans une petite maison
il entre sans frapper
et pour se réchauffer
et pour se réchauffer
s'asseoit sur le poêle rouge
et d'un coup disparaît
ne laissant que sa pipe
au milieu d'une flaque d'eau
ne laissant que sa pipe
et puis son vieux chapeau...

JACQUES PRÉVERT, Extrait de *Histoires*,
© éditions Gallimard, 1963

4e SÉANCE

L'eau dans tous ses états (2)

Déroulement

OBSERVER

pendant les jours
qui suivent la séance 3

1. Observer et noter le niveau sur la cruche *(voir page 12)* remplie d'eau et d'encre.
2. Dessiner, sur les feuilles d'expériences, les transformations visibles sur les bouteilles placées au *freezer*.

EXPLIQUER

20 mn
petits groupes
feuilles d'expériences

Constituer 4 groupes pour commenter, au reste de la classe, chaque expérience.
Remplir le tableau.

COMPRENDRE

10 mn
toute la classe
un tableau récapitulatif
(voir page 15)

Reprendre oralement toutes les expériences vécues, les commenter avec les enfants et compléter le tableau ensemble.
Il est possible d'y coller les dessins des enfants (avec leur accord).

COMMENTER LES RÉSULTATS OBSERVÉS :

- l'huile ne se mélange pas avec d'autres liquides ;
- les glaçons fondent, c'est de l'eau à l'état solide ;
- l'eau s'évapore à la chaleur ;
- en gelant, l'eau devient glace ;
- elle augmente de volume en gelant (elle prend plus de place) ;
- si la bouteille avait été en verre, elle aurait éclaté ;
- l'eau contenue dans l'air que l'on souffle se dépose sur une vitre (idem pour le glaçon).

Objectifs :
Observer et comprendre les propriétés de l'eau et ses changements d'état.
Communiquer aux autres un résultat d'expérience.

Activités mathématiques

Un tableau à double entrée

expérience	Au début	Ensuite
 Glaçons dans les bols	placer ici des dessins d'enfant	
 les liquides mélangés		
 l'eau colorée	les dessins des enfants jour après jour	
 la bouteille dans le freezer		
 souffler sur la vitre.		

5e SÉANCE

Ça flotte ou ça coule ?

Déroulement

EXPÉRIMENTER

10 mn
petits groupes
une bassine
des matériaux hétéroclites
des tabliers en plastique

Expliquer aux enfants que l'on recherche des matériaux qui flottent pour que chacun se construise un petit bateau.
La flottaison doit être constante : il faut laisser longtemps l'objet dans l'eau.
Les enfants cherchent, par groupe, et mettent les matériaux flottants de côté.

VÉRIFIER

10 mn
toute la classe
les mêmes matériaux

Reprendre les conclusions sur les matériaux avec l'ensemble des enfants. Vérifier les matériaux qui flottent et mettre de côté ceux qui ne flottent pas (ils pourront servir au décor du bateau ou à contruire sa partie supérieure).

CRÉER

15 mn
toute la classe
une feuille par enfant

Chaque enfant dessine son projet de bateau, il devra ensuite expliquer à l'enseignant-e avec quels matériaux il souhaite construire les différentes parties. Il pourra éventuellement rapporter des matériaux de chez lui (polystyrène…).

Objectifs :
Préparer un projet individuel.
Expérimenter, par tâtonnement, la flottaison des matériaux et des objets.

Jeux et activités possibles

Autour des livres

Faire des recherches d'illustrations de bateaux dans les livres de la bibliothèque.

Sciences

La vie dans l'eau : installation d'un aquarium en classe

Observer les plantes aquatiques, les têtards au printemps (les remettre rapidement dans leur mare d'origine) ou les observer sur place avec les enfants (sortie nature).

Les animaux et l'eau

Découper des images d'animaux.
Chercher leur comportement en présence d'eau et les classer :

- nage	- possède des pattes palmées
- nage sous l'eau	- a des pattes non-palmées
- craint l'eau	- a des nageoires
- flotte	- n'a pas de membres
- se propulse	- a un pied

Une chanson à gestes sur le thème de l'eau

Le poisson rouge

Mon poisson rouge ayant appris
Que les oiseaux vivaient sans cage
Se dit un jour : "tiens moi aussi,
Je voudrais voir du paysage."

Refrain
Mon bocal est trop petit
L'eau est sale, l'herbe y pousse
Je veux voir de beaux pays
Et m'étendre, sur la mousse.

Il enfila son beau complet
Mit son faux col dans sa valise
Au paillasson confia la clé
Et "À moi, la terre promise !"

Refrain

Il n'est jamais rentré chez lui
Il est peut-être allé à Rome
Si tu le vois ami, dis-lui
Que j'ai changé son aquarium.

Refrain

Déroulement

PRÉPARER

10 mn
en ateliers
assez de matériaux de base
pour tout le monde

Avant de construire son bateau, chaque enfant "fait son marché" et prend les outils, les objets et les matériaux dont il aura besoin.

CONSTRUIRE

20 mn
en ateliers
le même matériel

À partir de son schéma, chaque enfant va réaliser son bateau.
Un adulte doit être présent pour aider les enfants : gestes délicats, découpages fins...

VEILLER

Prendre garde à ne pas influer sur l'idée personnelle de l'enfant.
Tous les enfants doivent pouvoir réussir la fabrication de leur bateau.
Éventuellement, mener cet atelier sur une semaine (tous les jours) pour être disponible auprès de tous les enfants.
Aider plus particulièrement ceux qui rencontreraient des problèmes de réalisation en allégeant leur projet.

VÉRIFIER

10 mn
en ateliers
dehors (avec des bassines d'eau et les bateaux construits)

Vérifier la flottaison des bateaux. Trop d'apparats peuvent couler l'ensemble (sur une demi-bouteille en plastique coupée dans sa longueur par exemple).

REMARQUE

Prendre du temps pour jouer avec les bateaux. L'école est aussi un lieu de jeux, il est important que les enfants jouent beaucoup avec leur construction avant de la rapporter définitivement chez eux. Tous les moments sont possibles : la récréation, les ateliers, l'accueil... À chaque séance de jeu, limiter les places à cinq ou six enfants.

Objectifs :
Réaliser un projet individuel.
Vérifier la flottaison de matériaux et d'objets.

Jeux et activités possibles

Activités scientifiques et technologiques

Protection de l'environnement
La répartition de l'eau dans le monde
Son usage courant
Les gestes simples pour la préserver

Connaissance de l'environnement
Visiter le château d'eau (dans les zones rurales)
S'informer sur les stations d'épuration

Activités manuelles

Fabriquer

- un bateau à aubes
- un moulin à eau
- un barrage
- un bateau à voile
- un "sablier" à eau

Arts plastiques

Décorer les bateaux avec de la gouache vinyle (qui résiste à l'eau).

Jeu mathématique

La bataille navale

Sur une grille de 5 x 5, cinq bateaux de deux carreaux.
Jouer d'abord tous ensemble, puis par groupes.

CONSEIL
Informez-vous sur la presse enfantine.
Elle publie régulièrement des numéros thématiques sur l'eau.

Déroulement

EXPÉRIMENTER

10 mn
petits groupes
une bassine d'eau par groupe
les bateaux des enfants

Chaque enfant doit faire flotter son bateau.
Consigne :

- *Faites avancer votre bateau, sans y toucher.*

OBSERVER

Regarder les comportements des enfants et les astuces trouvées (les noter sur un calepin, elles vous aideront ultérieurement).
On peut relancer les enfants pour qu'ils trouvent d'autres moyens de faire avancer les bateaux.

METTRE EN COMMUN

10 mn
toute la classe
même matériel

Demander aux enfants de montrer toutes les solutions trouvées : souffler, ventiler avec une feuille, du carton…
Faire formuler l'action :

- *Que fait Charlotte ? Et Thomas ? (Elle ou il "fait" du vent).*
- *Comment le voit-on ?*

Chercher avec les enfants, toutes les manières possibles de ventiler.

Ateliers

1 – Découper sur des catalogues, tous les objets qui fonctionnent avec de l'air.
2 – Découper tous les objets qui contiennent de l'air.

Objectif :

Mettre en évidence l'existence et les propriétés de l'air.

Jeux et activités possibles

Arts plastiques

La paille soufflée

Disposer des petites gouttes d'encres colorées sur une feuille.
Souffler avec une paille sur les gouttes pour les "étirer" au maximum, en leur donnant des formes diverses.

Une histoire qui parle de l'air

Les trois petits cochons

Une poésie

Écoute

Écoute
Étends-toi et flotte,
dit la rivière,
laisse-toi porter vers la mer.
Rêve plus haut que moi,
dit l'oiseau.
Ouvre ton œil en mille étoiles,
dit la lampe.
Fais resplendir la beauté
de ton corps,
dit l'âme.
Brûle plus blanc que minuit,
dit la lune.
Ouvre-toi plus rouge que moi,
dit la rose.
Transmets à tous le secret,
dit le vent.
Regarde derrière mes yeux ,
dit le chat.
N'aie pas peur de moi,
dit la mort.

ARMAND MONJO,
Le monde est mon cousin
extrait de *L'Écharpe d'iris*
collection Fleurs d'encre,
Le Livre de Poche Jeunesse,

Un chant mimé

Meunier tu dors

(faire des moulinets avec les bras).

8e SÉANCE

De l'air ! (2)

Déroulement

EXPÉRIMENTER

15 mn par expérience
en ateliers
une expérience par jour environ

EXPÉRIENCE 1

un aquarium rempli d'eau
un verre transparent avec un morceau de papier froissé et collé au fond

OBSERVER

Avec les enfants,
poser le verre, à l'envers et verticalement, à la surface de l'eau. Puis, le descendre au fond de l'aquarium. Observer.
Procéder de la même façon, mais en penchant le verre au fond. Observer.

COMMENTER

- *Que s'est-il passé ?*
- *À votre avis, comment cela se fait-il ?*

Expliquer qu'il y a de l'air dans un objet "vide".
L'eau n'y entre pas si on exerce une pression (en posant le verre à la surface de l'eau par exemple).
Résultat : le papier collé au fond du verre n'est pas mouillé. En revanche, si l'on penche le verre, l'air s'échappe (les bulles), l'eau entre à l'intérieur et le papier est mouillé.

DESSINER

Chaque enfant dessine ce qu'il a vu.

EXPÉRIENCE 2

une bouteille en plastique
de la pâte à modeler
un petit entonnoir
de l'eau

OBSERVER

Verser lentement de l'eau dans une bouteille à l'aide d'un petit entonnoir. Observer. Recommencer en versant l'eau très rapidement.
Boucher ensuite hermétiquement la surface de contact entre la bouteille et l'entonnoir à l'aide de la pâte à modeler. Puis verser l'eau lentement et recommencer en la versant très vite. Observer les changements.

COMMENTER

L'air présent dans la bouteille s'échappe si on lui laisse le temps de le faire (en versant lentement par exemple). Quand on empêche l'air de sortir (en fermant hermétiquement avec la pâte à modeler et en versant rapidement), l'eau entre difficilement dans la bouteille (des grosses bulles se forment).

DESSINER

Chaque enfant dessine les différentes étapes.

Objectif :

Découvrir et comprendre les propriétés physiques de l'air.

EXPÉRIENCE 3

des bouteilles en plastique
une feuille

OBSERVER

Placer la feuille de papier devant le goulot d'une bouteille vide couchée. Appuyer fortement sur la bouteille (l'écraser).

COMMENTER

L'air présent dans la bouteille s'échappe quand on l'écrase. Il provoque le déplacement de la feuille.

DESSINER

Chaque enfant dessine ce qu'il a vu.

CONSEIL

Pour les enfants autonomes : présenter le schéma de l'expérience avec le matériel pour une manipulation sans l'adulte.
Conclure avec eux pour s'assurer de leur "perception" de l'air

EXPÉRIENCE 4

des ballons de baudruche
des instruments pour gonfler (pompe à vélo, pompe à ballon, soufflet de cheminée...)
une bouteille en plastique

OBSERVER

Demander aux enfants de gonfler les ballons de baudruche avec les divers instruments. Placer ensuite un ballon non gonflé dans une bouteille vide, puis essayer de le gonfler.

COMMENTER

Tous les instruments ne conviennent pas pour gonfler les ballons.
Chaque pompe est adaptée à l'objet qu'elle doit gonfler (ou sur lequel elle doit souffler).
Dans une bouteille vide (remplie d'air), on ne peut pas gonfler un ballon de baudruche (on ne peut pas rajouter de l'air).

DESSINER

Chaque enfant dessine ce qu'il a vu.

9e SÉANCE

Construire un objet utilisant l'air (1)

Déroulement

OBSERVER

10 mn
toute la classe
des images de parachutes, de montgolfières, d'avions...

Observer, avec les enfants, les alentours de l'école, la cour... et aboutir à un premier "catalogue" de ce qui peut voler : feuilles d'arbres, oiseaux, avions...
Demander ensuite aux enfants de chercher dans la classe des images d'objets pouvant voler (revues, livres, catalogues, imagiers, figurines...).
On peut mettre en place des petits ateliers autonomes durant 5 mn, puis regrouper l'ensemble des enfants pour enrichir le "catalogue" général (coller des images, les dessins des enfants, écrire les noms de ce qui vole...).

PRÉPARER

Fabriquer 4 objets fonctionnant avec l'air *(voir pages 25 et 27)* ou les dessiner sur une feuille.

CHOISIR

10 mn
toute la classe
4 objets construits ou 4 croquis d'objets

Présenter des objets que l'on peut fabriquer et qui fonctionnent avec l'air ou des croquis de ces objets.
Les numéroter et demander à chaque enfant d'en choisir un à fabriquer : écrire le numéro de l'objet sur une feuille - par exemple - pour éviter l'effet de suivisme.

CHERCHER

15 mn
petits groupes
une affiche
les 4 objets ou les 4 croquis
plein de matériaux de construction
matériel de base : colle, ciseaux, papier...

Les enfants sont groupés par objet choisi : ils doivent chercher (ensemble) les matériaux nécessaires à la construction de leur objet (soit par réflexion, soit à partir de tous les matériaux présentés).
Les aider à trouver d'autres types de matériaux possibles, si les objets ont été construits par l'enseignant-e.
Établir la liste du matériel sur une affiche.
Demander ensuite à chaque enfant de réaliser un schéma de montage (un plan) de leur objet.

Objectif :
Réaliser un projet individuel en utilisant l'air.

Jeux et activités possibles

Le parachute

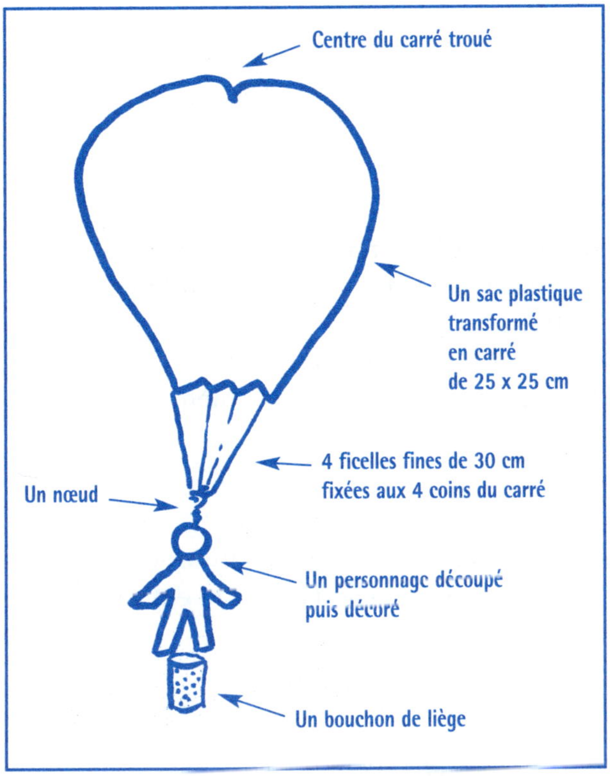

CONSEILS

- Il est toujours plus stimulant pour les enfants de voir (concrètement) l'objet à fabriquer. Attention toutefois à ne pas leur présenter un objet trop bien fait, le leur ne pourrait jamais lui ressembler.
- Il est important de proposer aux enfants beaucoup de matériaux, afin de les familiariser avec. De plus, cela les habitue à ne pas retenir tout ce qui est présenté et à prendre des initiatives.

La girouette

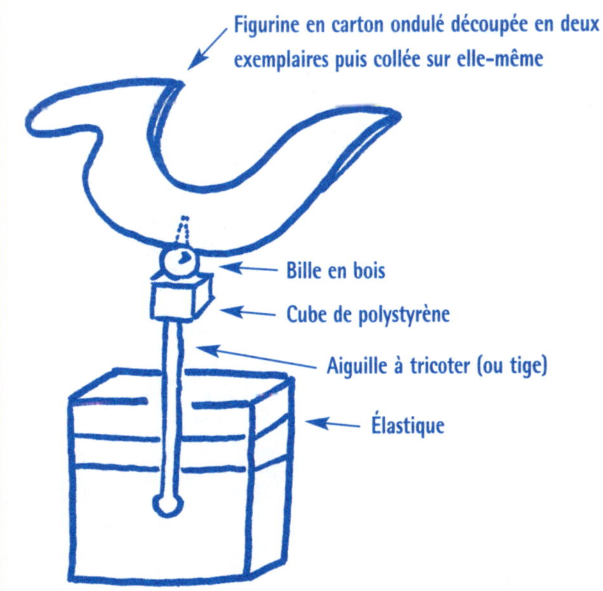

Fixer la girouette sur un objet lourd, grâce à deux élastiques par exemple

D'après *Sciences et Technologie*, Tavernier, Bordas

10e
SÉANCE

Construction d'un objet utilisant l'air (2)

Déroulement

CONTINUER

20 mn
petits groupes
le matériel pour construire les objets *(voir p. 24)*
les schémas de montage

Aider les enfants à réaliser individuellement leur objet.
Éventuellement, mettre en place, chaque jour, des ateliers pour les constructions.

OBSERVER

toute la classe

Quand tout le monde a terminé son objet, reprendre les schémas de montage. Avec les enfants, observer et commenter les différences entre les croquis et les réalisations.
Tester chaque objet pour vérifier la bonne prise au vent.
Chercher avec eux les solutions pour remédier aux problèmes, le cas échéant.

CONSTRUIRE

20 mn
toute la classe

Chaque enfant choisit un autre objet que le sien, à fabriquer.
Pour cela il va utiliser le schéma de montage d'un autre enfant (éventuellement amélioré).

CONSEILS

- **Par la suite, les enfants pourront construire chacun des quatre objets s'ils le souhaitent (pendant des ateliers par exemple).**
- **Il est important de faire régulièrement "le point" sur la qualité des schémas de montage et de les modifier s'il le faut.**
- **Prendre du temps pour que tous les enfants jouent avec leur objet.**

Objectifs :

Réaliser un projet d'objet utilisant l'air.

Communiquer ce projet technologique aux autres.

Jeux et activités possibles

Le moulin à vent

Découper un carré de papier à dessin, puis le plier le long des diagonales. Découper sans aller jusqu'au centre.

Rabattre une pointe sur deux vers le centre.

Fabriquer le moulin avec un cylindre en carton coiffé d'un cornet.

Fixer les ailes sur le moulin.

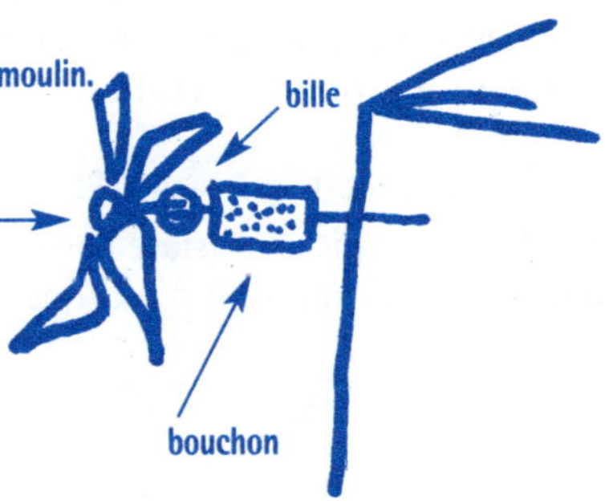

La manche à air

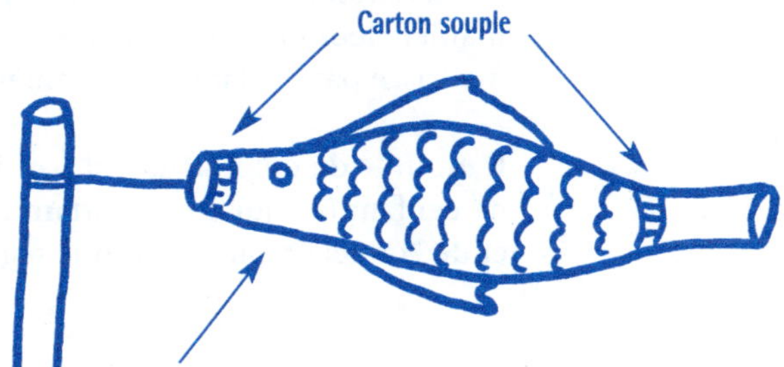

Découper sur du papier léger deux formes identiques, puis les coller sur chaque bord.

Consolider la manche en collant deux couronnes de carton souple à chaque extrémité.

Attention : l'ouverture la plus proche de l'attache doit être plus grande que l'autre.

Source : adapté des fichiers de jeux, collection *Viens jouer*, Éditions Les Francas.

L'ÉVALUATION POUR LE MAÎTRE

Les enfants scolarisés à l'école maternelle (dès trois, voire deux ans) n'ont pas le même vécu, ni les mêmes acquis selon leur environnement, leur milieu, leurs expériences. Au cours des activités techniques et scientifiques, une relative égalité existe entre les enfants, due à la rareté des expérimentations et des manipulations.

L'enseignant-e doit donc veiller à la valorisation de tous, encourager les enfants manquant d'assurance, tout en prenant en compte ceux qui n'ont pas acquis telle ou telle notion.

L'évaluation continue permet de proposer des situations adaptées à chacun, évitant de cette manière leur découragement et leur ennui. Il s'agit alors de proposer dans une situation maîtrisée par l'enfant, un paramètre nouveau, qui sera facile à évaluer.

Il est utile de noter la date d'acquisition des notions travaillées, pour tenir compte de l'âge réel de l'enfant (ce qui est important en maternelle). D'autre part, cela peut permettre de constater et de "traiter" rapidement une régression anormale chez un enfant.

COMMENT ÉVALUER ?

Rappelons que l'évaluation est un outil, elle ne doit être ni contraignante, ni une surcharge de travail.

Au cours d'une activité scientifique, l'enseignant-e devra choisir un seul objectif à évaluer pour un petit groupe d'enfants en activité.
Les feuilles d'expériences relatées peuvent servir d'indicateur.
Veiller, lors d'une notion non-acquise, qu'il ne s'agit pas, pour l'enfant, d'un simple problème de transcription écrite. Faire souvent expliquer aux enfants leurs dessins, schémas, croquis... , individuellement, en groupe ou devant toute la classe.

L'évaluation permet aussi à l'enseignant-e d'ajuster son travail : un objectif non atteint par la majorité des enfants après trois séances doit être réajusté. Il faudra alors adapter son langage et sa méthode pour permettre une meilleure compréhension et une meilleure acquisition des enfants. À l'inverse, un objectif atteint rapidement par tous, doit être étoffé.

Chacun peut établir un tableau à double entrée selon le modèle ci-contre.
On notera pour chaque objectif, la date à laquelle l'enseignant-e constate l'acquisition. Il peut être utile (si l'on a mis en place des ateliers différenciés par exemple) d'indiquer dans la case de l'enfant l'expérience réalisée, l'objet construit...

EXEMPLE DE TABLEAU D'ÉVALUATION

	Clara	Christophe	Aurélie	Nabil	Jérémy	Océane	Quentin	Mickaël
Réussit à représenter les états de l'eau	VA			A	VA		VA	
Parvient à communiquer un résultat d'expérience	A				VA		VA	

A = Acquis   VA = en Voie d'Acquisition

EXTRAITS DES PROGRAMMES DE L'ÉCOLE PRIMAIRE (1995), PAGES 40-41.

L'un des moyens privilégiés pour déterminer les meilleures stratégies d'apprentissage consiste à analyser collectivement les raisons d'une réussite, d'une difficulté ou d'un échec.
L'erreur dédramatisée suscite chez l'élève une analyse constructive de son travail et la volonté de progresser. Elle fournit à l'enseignant-e des informations précieuses pour définir, lorsque c'est nécessaire, des actions de remédiation.
Dans cette perspective, le développement d'une pratique régulière de l'évaluation permet une connaissance plus objective de l'élève et un pilotage de classe mieux assuré.

L'ÉVALUATION POUR L'ENFANT

Pour que l'enfant comprenne ou réponde mieux à la demande qui lui est faite, il doit savoir assez précisément ce que l'adulte attend de lui. Ainsi, il pourra constater qu'il répond ou non à une demande claire et formulée. Dans cet esprit, il nous paraît important (voire nécessaire) que l'enfant puisse s'évaluer lui-même à un moment donné (sous le contrôle de l'enseignant-e.

Pour cela, on peut mettre en place des petits tableaux individuels que les enfants colleront dans un cahier spécial*, par exemple. Il ne s'agit pas d'évaluer à chaque séance, mais seulement aux moments propices choisis par l'enseignant-e.

Avant la séance d'évaluation, l'objectif est clairement énoncé aux enfants :
- *Aujourd'hui, nous allons observer l'eau.*
Au cours de l'activité, les enfants colleront une gommette, dessineront un symbole ou mettront la date à l'aide d'un tampon dateur dans la bonne case, par exemple.
Il peut être utile, ici aussi, de marquer dans la case correspondante l'expérience réalisée.
Cela permet à l'enseignant-e d'affiner son travail et aux parents de mieux connaître les compétences de leur enfant.

* Ce cahier doit rester "la photographie" d'un enfant à un moment donné dans ses acquisitions.
Il ne doit pas devenir un outil donné aux parents pour combler d'éventuelles lacunes.

EXEMPLE DE CAHIER D'ÉVALUATION

CAHIER DE JULIEN		
J'ai réalisé l'expérience		
Je sais dessiner un schéma de construction	03-12-98 ●	● 05-01-99

○ *Je sais presque* ● *Je sais*

INDEX DES JEUX ET ACTIVITÉS SUPPLÉMENTAIRES

SOMMAIRE DES SÉANCES

Imprimé en France par Mame Imprimeurs à Tours (n° 04102326)
Dépôt légal 53215/12/2004 - Collection n° 18 - Édition n° 05
17/0565/6